Santo Antônio

Elam de Almeida Pimentel

Santo Antônio

Novena e ladainha

Petrópolis

© 2011, Editora Vozes Ltda.
Rua Frei Luís, 100
25689-900 Petrópolis, RJ
www.vozes.com.br
Brasil

4ª edição, 2015.
2ª reimpressão, 2025.

Todos os direitos reservados. Nenhuma parte desta obra poderá ser reproduzida ou transmitida por qualquer forma e/ou quaisquer meios (eletrônico ou mecânico, incluindo fotocópia e gravação) ou arquivada em qualquer sistema ou banco de dados sem permissão escrita da editora.

CONSELHO EDITORIAL

Diretor
Volney J. Berkenbrock

Editores
Aline dos Santos Carneiro
Edrian Josué Pasini
Marilac Loraine Oleniki
Welder Lancieri Marchini

Conselheiros
Elói Dionísio Piva
Francisco Morás
Gilberto Gonçalves Garcia
Ludovico Garmus
Teobaldo Heidemann

Secretário executivo
Leonardo A.R.T. dos Santos

PRODUÇÃO EDITORIAL

Aline L.R. de Barros
Jailson Scota
Marcelo Telles
Mirela de Oliveira
Natália França
Otaviano M. Cunha
Priscilla A.F. Alves
Rafael de Oliveira
Samuel Rezende
Vanessa Luz
Verônica M. Guedes

Editoração: Fernando Sergio Olivetti da Rocha
Diagramação: AG.SR Desenv. Gráfico
Capa: Omar Santos

ISBN 978-85-326-4091-8

Este livro foi composto e impresso pela Editora Vozes Ltda.

Sumário

1. Apresentação, 7
2. Vida de Santo Antônio, 9
3. Novena de Santo Antônio, 12
   1º dia, 12
   2º dia, 13
   3º dia, 15
   4º dia, 16
   5º dia, 18
   6º dia, 19
   7º dia, 21
   8º dia, 23
   9º dia, 24
4. Orações a Santo Antônio, 26
5. Ladainha de Santo Antônio, 30

Apresentação

Esta é a novena de Santo Antônio, nascido em 15 de agosto de 1195 e que, no batismo, recebeu o nome de Fernando Martins de Bulhões. Aos 15 anos entrou para um convento agostiniano e, aos 25, mudou para a Ordem Franciscana, onde trocou o nome para Antônio.

Nasceu e cresceu em Lisboa (Portugal) e viveu uma parte de sua vida em Pádua (Itália), vindo a falecer em 13 de junho de 1231, nesta mesma cidade, onde, até hoje, seu túmulo é muito visitado.

Ele lecionou teologia em diversas universidades da Europa. Conhecedor profundo das escrituras, tornou-se famoso por suas pregações tanto no meio religioso como entre o povo.

Sua canonização consumou-se em menos de um ano após a sua morte, em 1232.

Foi proclamado padroeiro de Portugal em 1934, sendo também padroeiro das cidades de Lisboa e Pádua.

As imagens do santo o trazem vestido com o hábito da Ordem dos Frades Menores, levando o Menino Jesus em seus braços. Diz a tradição que a razão desta representação é o fato de que, estando o santo estudando em sua biblioteca, apareceu um menino, derrubou seus livros e desorganizou o seu mundo erudito, para mostrar a inutilidade desse conhecimento sem a caridade, o amor ao próximo.

Este livrinho contém breve resumo sobre a vida de Santo Antônio, orações e ladainha, com algumas passagens bíblicas, seguidas de uma oração para pedir uma graça especial, acompanhada de um Pai-nosso, uma Ave-Maria e um Glória-ao-Pai.

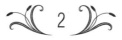

VIDA DE SANTO ANTÔNIO

Protetor dos pobres, auxílio na busca de objetos perdidos ou pessoas desaparecidas, amigo nas causas do coração, assim é conhecido Santo Antônio de Pádua, frade franciscano português, nascido em Lisboa em 1195 e batizado com o nome de Fernando. Teve uma infância tranquila, era o único herdeiro de uma família nobre e, aos 15 anos, ingressou na Ordem de Santo Agostinho e, mais tarde, ordenou-se sacerdote.

Teve um encontro com frades franciscanos que abriram um convento em Portugal, e este encontro foi fundamental em sua vida. Estes franciscanos seguiram para Marrocos, na África, onde pretendiam pregar a Palavra de Deus e lá foram martirizados e os corpos levados para Portugal. Fernando decidiu entrar para a Ordem Franciscana e adotar o nome de Antônio, numa homenagem a Santo Antão. Pediu para ser enviado a Marrocos, mas, lá chegando, adoeceu, tendo de retornar a Portugal. Uma forte tempestade obrigou seu barco a aportar na Ilha de Sicília, no sul da Itália. Aos poucos, recuperou a saúde e decidiu participar da assembleia geral da ordem em Assis e, deste modo, conheceu, pessoalmente, São Francisco.

Antônio era um grande orador. Suas pregações eram tão disputadas que chegavam a alterar a rotina das cidades, provocando o fechamento adiantado dos estabelecimentos comerciais. Em Pádua, converteu um grande número de pessoas e foi para esta cidade que ele pediu que o levassem quando seu estado de saúde piorou.

Morreu no dia 13 de junho de 1231, com 36 anos de idade, e seu pedido foi atendido, tendo sido seus restos mortais levados para Pádua.

Graças a sua dedicação aos humildes, Santo Antônio foi eleito pelo povo o protetor dos pobres. Uma das tradições mais antigas em sua homenagem é a distribuição de pães aos necessitados. De Lisboa ou de Pádua, é por excelência o santo milagreiro, casamenteiro, do "responso" e do Menino Jesus. Santo Antônio é venerado em 13 de junho.

Novena de Santo Antônio

1º dia

Iniciemos com fé este primeiro dia de nossa novena, invocando a presença da Santíssima Trindade: em nome do Pai, do Filho e do Espírito Santo. Amém.

Leitura do Evangelho: Mt 7,7-8
> Pedi e vos será dado; buscai e achareis; batei e vos abrirão. Pois quem pede, recebe; quem procura, acha; e a quem bate, se abre.

Reflexão

Muitas graças nos foram dadas sem que tivéssemos pedido: o ar, a água, o sol, saúde, alimentos, graças recebidas e só reconhecidos os seus valores quando não recebidas. Tudo nos foi dado pela graça de Deus e Ele também conhece as nossas necessidades e, orando a Deus com muita confiança, encontraremos respostas para nossas aflições. Santo Antônio foi homem de oração, de fé e a todos ajudava quando solicitado.

Oração
Santo Antônio, confiando na vossa bondade e no seu poder de intercessão junto a Deus, a vós suplico que me alcanceis a graça que peço:... (falar a graça que se deseja alcançar).

Pai-nosso.

Ave-Maria.

Glória-ao-Pai.

Rogai por nós, Santo Antônio. / Para que sejamos dignos das promessas de Cristo.

2º dia

Iniciemos com fé este segundo dia de nossa novena, invocando a presença da Santíssima Trindade: em nome do Pai, do Filho e do Espírito Santo. Amém.

Leitura do Evangelho: Mt 11,29-30

Tomai sobre vós o meu jugo e aprendei de mim, que sou manso e humilde de coração, e achareis descanso para vossas almas. Pois meu jugo é suave e meu peso é leve.

Reflexão

Esta passagem do Evangelho é um acalanto para nós, pois muitas graças e paz podem ser derramadas sobre nós. A paz necessária para todos só é possível quando nos entregamos totalmente a Jesus, acreditando que Deus nos ama e que Ele "é o Caminho, a Verdade e a Vida".

Oração

Santo Antônio, santo da fé e esperança, arrancai de minha vida o medo e a insegurança, a impaciência e a inquietação, ajudando-me a fortalecer sempre em Deus. Santo Antônio, consolai-me neste momento e alcançai-me a graça que vos peço:... (falar a graça que se deseja alcançar).

Pai-nosso.

Ave-Maria.

Glória-ao-Pai.

Rogai por nós, Santo Antônio. / Para que sejamos dignos das promessas de Cristo.

3º dia

Iniciemos com fé este terceiro dia de nossa novena, invocando a presença da Santíssima Trindade: em nome do Pai, do Filho e do Espírito Santo. Amém.

Leitura do Evangelho: Jo 14,1

Não se perturbe o vosso coração. Credes em Deus, crede também em mim.

Reflexão

Estas palavras de Jesus mostram a importância da fé em Deus em nossas vidas. Crendo em Jesus, Filho de Deus, amando-o e descobrindo que Ele também nos ama, encontraremos a paz necessária para enfrentar os problemas que vão surgindo em nossa caminhada.

Oração

Misericordioso Santo Antônio, socorro dos pobres e necessitados, auxiliai em minhas tribulações e fazei com que eu ache consolo em vós e em Jesus. Suplico-vos que me alcanceis a graça tão necessitada:... (falar a graça que se deseja alcançar).

Pai-nosso.

Ave-Maria.

Glória-ao-Pai.

Rogai por nós, Santo Antônio. / Para que sejamos dignos das promessas de Cristo.

4º dia

Iniciemos com fé este quarto dia de nossa novena, invocando a presença da Santíssima Trindade: em nome do Pai, do Filho e do Espírito Santo. Amém.

Leitura bíblica: Ez 36,25-28

Derramarei sobre vós água pura e sereis purificados. Eu vos purificarei de todas as impurezas e de todos os ídolos. Eu vos darei um coração novo e porei em vós um espírito novo. Removerei de vosso corpo o coração de pedra e vos darei um coração de carne. Porei em vós o meu espírito e farei com que andeis segundo minhas leis e cuideis de observar os meus preceitos. Habitareis no país que dei a vossos pais. Sereis o meu povo e eu serei o vosso Deus.

Reflexão

O Profeta Ezequiel exprime com as palavras acima a oportunidade de se fazer uma reconciliação com Deus, arrependendo-se dos pecados cometidos e colocando em prática suas palavras e mandamentos. Santo Antônio seguiu as orientações de Jesus, anunciando o Evangelho e a muitos convertendo.

Oração

Santo Antônio, meu grande protetor, ajudai-me a ter uma conversão sincera, o crescimento no amor de Deus e a perseverança no bem até o fim de minha vida. Suplico-vos que me alcanceis o que vos peço por meio desta novena:... (fazer o pedido).

Pai-nosso.

Ave-Maria.

Glória-ao-Pai.

Rogai por nós, Santo Antônio. / Para que sejamos dignos das promessas de Cristo.

5º dia

Iniciemos com fé este quinto dia de nossa novena, invocando a presença da Santíssima Trindade: em nome do Pai, do Filho e do Espírito Santo. Amém.

Leitura do Evangelho: Jo 15,9-13

Como o Pai me amou, assim também eu vos amei. Permanecei no meu amor. Se guardardes os meus mandamentos, permanecereis no meu amor, como eu também guardei os mandamentos de meu Pai e permaneço no seu amor. Disse-vos estas coisas para que minha alegria esteja convosco, e a vossa alegria seja completa. Este é o meu mandamento: amai-vos uns aos outros como eu vos amei. Ninguém tem maior amor do que aquele que dá a vida por seus amigos.

Reflexão

Nos escritos de Santo Antônio encontramos que, para ele, "existe um só amor para com Deus e para com o próximo. Este é o Espírito Santo, porque Deus é Amor. É grande o amor de Deus para conosco. Ele nos envia seu Filho unigênito para que nós o amemos... Se Deus nos amou a tal ponto que nos deu seu dileto Filho, pelo qual tudo foi criado, também nós nos devemos amar uns aos outros".

Oração
Gloriosíssimo Santo Antônio, vós que guiastes muitas almas para o bom caminho, alcançai-me a graça de perseverar na fé e no Amor de Deus. Vós que fazeis tantos milagres, alcançai o que vos peço:... (falar a graça que se deseja alcançar).

Pai-nosso.

Ave-Maria.

Glória-ao-Pai.

Rogai por nós, Santo Antônio. / Para que sejamos dignos das promessas de Cristo.

6º dia
Iniciemos com fé este sexto dia de nossa novena, invocando a presença da Santís-

sima Trindade: em nome do Pai, do Filho e do Espírito Santo. Amém.

Leitura do Evangelho: Mt 25,34-40

[...] "Vinde, abençoados por meu Pai! Tomai posse do Reino preparado para vós desde a criação do mundo. Porque tive fome e me destes de comer, tive sede e me destes de beber, fui peregrino e me acolhestes, estive nu e me vestistes, enfermo e me visitastes, estava na cadeia e viestes ver-me." E os justos perguntarão: "Senhor, quando foi que te vimos com fome e te alimentamos, com sede e te demos de beber? Quando foi que te vimos peregrino e te acolhemos, nu e te vestimos? Quando foi que te vimos enfermo ou na cadeia e fomos te visitar?" E o rei dirá: "Eu vos garanto: todas as vezes que fizestes isso a um desses meus irmãos menores, a mim o fizestes".

Reflexão

Muitos são os caminhos para a prática da caridade, e cada um de nós pode descobrir o seu próprio caminho, a partir das situações de vida e das pessoas próximas a nós para fazer caridade. Deus se manifesta e pede nosso amor nesses momentos. Santo Antônio tinha uma grande preocupação em ajudar os pobres, em amar ao próximo. Vamos procurar seguir seu exemplo na prática da caridade e do amor.

Oração
Santo Antônio, amigo dos pobres, vós que tivestes compaixão dos necessitados e dos que sofrem, voltai para mim vosso olhar de bondade e alcançai-me a graça que vos peço:... (pede-se a graça).

Pai-nosso.

Ave-Maria.

Glória-ao-Pai.

Rogai por nós, Santo Antônio. / Para que sejamos dignos das promessas de Cristo.

7º dia

Iniciemos com fé este sétimo dia de nossa novena, invocando a presença da Santíssima Trindade: em nome do Pai, do Filho e do Espírito Santo. Amém.

Leitura bíblica: 1Jo 3,18
> Filhinhos, não amemos com palavras nem com a língua, mas com obras e de verdade.

Reflexão
É ajudando ao próximo que nós, cristãos, devemos demonstrar que realmente amamos a Deus: uma palavra amiga, uma ajuda concreta, sem esperar agradecimentos. Deus é caridade, é Amor.

Oração
Santo Antônio, santo de sublimes virtudes e grande caridade para o próximo, a vós recorro e vos imploro que me obtenhais a graça especial:... (falar a graça que se deseja alcançar).

Pai-nosso.

Ave-Maria.

Glória-ao-Pai.

Rogai por nós, Santo Antônio. / Para que sejamos dignos das promessas de Cristo.

8º dia

Iniciemos com fé este oitavo dia de nossa novena, invocando a presença da Santíssima Trindade: em nome do Pai, do Filho e do Espírito Santo. Amém.

Leitura bíblica: Rm 12,12

> Sede alegres na esperança, pacientes no sofrimento e perseverantes na oração.

Reflexão

Para Santo Antônio, "a oração é uma demonstração de afeto para com Deus, uma conversa afetuosa e familiar". Nossa vida é cheia de desafios, e enfrentá-los vai depender da força de nossa fé, de não perdermos a esperança e confiança em Deus, orando muito.

Oração

Santo Antônio, protetor dos aflitos, ajudai-me a ter fé, esperança, perseverança na oração. Concedei-me a graça de que necessito e a vós suplico:... (pede-se a graça a ser alcançada).

Pai-nosso.

Ave-Maria.

Glória-ao-Pai.

Rogai por nós, Santo Antônio. / Para que sejamos dignos das promessas de Cristo.

9º dia

Iniciemos com fé este nono dia de nossa novena, invocando a presença da Santíssima Trindade: em nome do Pai, do Filho e do Espírito Santo. Amém.

Santo Antônio, confiando na vossa intercessão, dirigimos nossa oração a Deus e a vós, pedindo:

- a graça de me ajudar a vencer todas as tentações malignas;
- a graça de praticar a caridade;
- a graça de despertar em mim e em meus familiares a necessidade de propagar e viver conforme os ensinamentos divinos;

- a graça da cura de nossas doenças espirituais e corporais;
- a graça de saber escutar a Palavra do Senhor;
- a graça de ver minha família e amigos libertos de todo o mal;
- a graça de ver crianças crescendo e tendo condições de desenvolver os dons recebidos de Deus;
- a graça de sermos dirigidos por governantes cristãos, seguidores dos ensinamentos de Jesus;

Ó amabilíssimo Santo Antônio, que a todos atende, apresentai a Deus a graça de que tanto necessito alcançar:... (falar a graça que se deseja alcançar).

Pai-nosso.

Ave-Maria.

Glória-ao-Pai.

Rogai por nós, Santo Antônio. / Para que sejamos dignos das promessas de Cristo.

4

ORAÇÕES A SANTO ANTÔNIO

Oração 1: Oração para os namorados

Meu grande amigo Santo Antônio, tu que és o protetor dos enamorados, olha para mim, para a minha vida, para os meus anseios. Defende-me dos perigos, afasta de mim os fracassos, as desilusões, os desencantos. Faze com que eu seja realista, confiante, digno e alegre. Que eu encontre um amor que me agrade, seja trabalhador, virtuoso e responsável. Que eu saiba caminhar para o futuro e para a vida a dois com as disposições de quem recebeu de Deus uma vocação sagrada e um dever social. Que meu amor seja feliz e sem medidas. Que todos os enamorados busquem a mútua compreensão, a comunhão de vida e o crescimento na fé. Assim seja.

Oração 2: Oração por uma pessoa enferma

Ó querido Santo Antônio, que sempre ajudas os que a ti recorrem com confiança, peço-te com fervor por uma pessoa doente a quem quero muito. Suplico-te que obtenhas o dom da sua cura ou, pelo menos, que sejam aliviados os seus sofrimentos, e ela tenha a força de oferecê-los a Deus em união com a paixão de Cristo. Tu, que, na tua vida terrena, foste amigo dos que sofrem e te prodigalizaste em favor deles através da caridade e do teu dom dos milagres, fica ao nosso lado com tua proteção, consola o nosso coração e faze com que nossos sofrimentos físicos e morais sejam fonte de merecimento para a vida eterna. Amém.

Oração 3: Para pedido de graças

a) *Rezar durante nove dias seguidos*

Santo Antônio, obtende-me da misericórdia de Deus esta graça que desejo:... (mencione o favor que deseja).

Como vós sois tão bondoso com os pobres pecadores, não olheis minha falta de virtude, antes bem considerai a Glória de Deus que será uma vez mais exaltada por vós ao conceder-me o pedido que eu agora, encarecidamente, faço.

Glorioso Santo Antônio dos milagres, pai dos pobres e ajuda dos aflitos, vos peço ajuda.

Tem vindo a mim vosso auxílio tão amável e me tem aliviado tão generosamente que me sinto agradecido de coração.

Aceitai esta oferta de minha devoção e amor.

Renovo a séria promessa de viver sempre amando a Deus e ao próximo.

Continuai defendendo-me benignamente com vossa proteção e obtende-me a graça de poder um dia entrar no Reino dos Céus, onde cantarei eternamente as misericórdias do Senhor. Amém.

Pai-nosso.

Ave-Maria.

Glória-ao-Pai.

Rogai por nós, Santo Antônio. / Para que sejamos dignos das promessas de Cristo.

b) Meu grande protetor Santo Antônio, apresento-me a vós, pedindo-vos que me alcanceis de Deus a Graça de uma conversão sincera, o crescimento no amor de Deus e a perseverança no bem até o fim de minha vida.

O que especialmente vos peço é a seguinte graça:...(fazer o pedido).

Se esta graça não for conveniente para minha salvação, alcançai-me a perfeita conformidade com a vontade de Deus.

Santo Antônio, nestes dias que consagro a vossa honra, como em todos os dias de minha vida, fazei com que eu conserve a graça e a amizade de Deus, que dele nunca me afaste pelo pecado e que, enfim, tenha a felicidade de amá-lo e gozá-lo para sempre em vossa companhia na felicidade eterna do céu. Amém

Ladainha de Santo Antônio

Senhor, tende piedade de nós.
Jesus Cristo, tende piedade de nós.
Senhor, tende piedade de nós.

Jesus Cristo, ouvi-nos.
Jesus Cristo, atendei-nos.

Pai celeste, que sois Deus, tende piedade de nós.
Deus Filho, redentor do mundo, tende piedade de nós.
Deus Espírito Santo, tende piedade de nós.
Santíssima Trindade, que sois um só Deus, tende piedade de nós.

Santa Maria, rainha dos mártires, rogai por nós.
Santo Antônio, modelo de grande santidade, rogai por nós.
Santo Antônio, amigo do Menino Jesus, rogai por nós.

Santo Antônio, anunciador do Evangelho, rogai por nós.
Santo Antônio, consolador em momentos difíceis, rogai por nós.
Santo Antônio, santo da caridade, rogai por nós.
Santo Antônio, santo brincalhão, rogai por nós.
Santo Antônio, santo alegre e festeiro, rogai por nós.
Santo Antônio, santo casamenteiro, rogai por nós.
Santo Antônio, santo que encontra objetos perdidos, rogai por nós.
Santo Antônio, santo protetor dos pobres, rogai por nós.
Santo Antônio, santo guerreiro, rogai por nós.
Santo Antônio, santo batalhador, rogai por nós.
Santo Antônio, santo protetor das crianças, rogai por nós.
Santo Antônio, santo das horas difíceis, rogai por nós.
Santo Antônio, santo dos sermões, rogai por nós.
Santo Antônio, santo milagroso, rogai por nós.
Santo Antônio, santo de grandes conhecimentos, rogai por nós.

Santo Antônio, amigo dos devotos, rogai por nós.
Santo Antônio, protetor dos jovens, rogai por nós.
Santo Antônio, santo da bondade e esperança, rogai por nós.
Santo Antônio, protetor dos enfermos, rogai por nós.
Santo Antônio, advogado das almas do purgatório, rogai por nós.
Santo Antônio, santo franciscano, rogai por nós.
Santo Antônio, guia espiritual dos cristãos, rogai por nós.

Cordeiro de Deus, que tirais os pecados do mundo, perdoai-nos, Senhor.
Cordeiro de Deus, que tirais os pecados do mundo, atendei-nos, Senhor.
Cordeiro de Deus, que tirais os pecados do mundo, tende piedade de nós, Senhor.

Jesus Cristo, ouvi-nos.
Jesus Cristo, atendei-nos.

Rogai por nós, Santo Antônio.
Para que sejamos dignos das promessas de Cristo.